ANALIZA KSIĄŻKI

Garbus z Notre Dame

Victor Hugo

ANALIZA KSIĄŻKI

Napisany przez Célia Ramain
Przetłumaczony przez Kâmil Kowalski

Garbus z Notre Dame

Victor Hugo

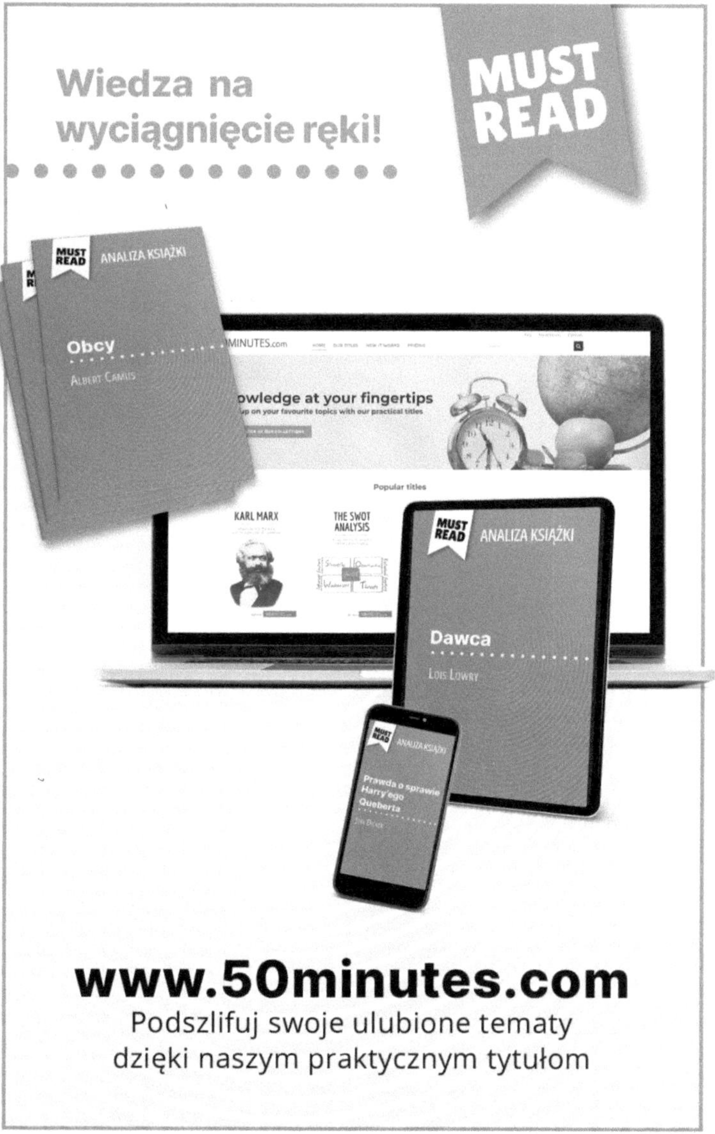
Wiedza na wyciągnięcie ręki!
MUST READ
MUST READ
ANALIZA KSIĄŻKI
Obcy
Albert Camus
MINUTES.com
owledge at your fingertips
Popular titles
KARL MARX
THE SWOT ANALYSIS
MUST READ
ANALIZA KSIĄŻKI
Dawca
Lois Lowry
MUST READ
ANALIZA KSIĄŻKI
Prawda o sprawie Harry'ego Queberta
www.50minutes.com
Podszlifuj swoje ulubione tematy
dzięki naszym praktycznym tytułom

WIKTOR HUGO

FRANCUSKI POETA, DRAMATURG, POWIEŚCIOPISARZ I POLITYK

- **Urodzony w Besançon w 1802 r.**

- **Zmarł w Paryżu w 1885 r.**

- **Godne uwagi prace:**

  - *Hernani* (1830), sztuka

  - *Garbus z Notre Dame* (1832), powieść

  - *Les Misérables* (1862), powieść

Poeta, powieściopisarz, dramaturg i polityk, Victor Hugo był kultowym pisarzem francuskiego romantyzmu. Uważany za "przywódcę romantyków", był także aktywny politycznie, walcząc o szczytne cele, takie jak zniesienie kary śmierci. W okresie Drugiego Cesarstwa zmuszony był wyemigrować do Jersey (1851-1870), następnie na Guernsey, gdzie pisał m.in.:

Gdy zmarł w 1885 roku, Republika zorganizowała wielki narodowy pogrzeb, a społeczeństwo uczciło go największym francuskim pisarzem.

GARBUS Z NOTRE DAME

HISTORIA, KTÓRA STAŁA SIĘ LEGENDARNA

- **Gatunek:** powieść

- **Wydanie referencyjne:** Hugo, V. (2012) *The Hunchback of Notre Dame*. Trans. Hapgood, I.F. London: e-artnow.

- **Pierwsze wydanie:** 1831

- **Tematy:** historia, fatum, mit, miłość, pokusa

Garbus *z Notre Dame* (1831), którego akcja rozgrywa się w 15th wieku, opowiada historię Esmeraldy, romskiej dziewczyny, w której zakochują się archidiakon Claude Frollo, kapitan Phoebus i Quasimodo, Dzwonnik z Notre-Dame. W fabułę wplecione są również filozoficzne refleksje na temat historii i ewolucji architektury.

Pomimo krytyki jego stylu przez Mérimée i Stendhala, który został uznany za zbyt melodramatyczny, Dzwonnik z Notre Dame od razu stał się hitem i do dziś pozostaje jednym z arcydzieł Victora Hugo.

PODSUMOWANIE

PRZEDMOWA AUTORA

Spacerując po katedrze Notre-Dame, autor natknął się na napis ANÁIKH ("przeznaczenie" po grecku), który stał się inspiracją dla powieści: "To na tym słowie opiera się ta książka".

KSIĘGA I

6 stycznia 1482 roku, w dniu paryskiego Święta Głupców, w wielkiej sali Pałacu Sprawiedliwości wystawiana jest sztuka poety Pierre'a Gringoire'a. Przedstawienie szybko zostaje porzucone przez tłum na rzecz przyjemniejszego widowiska: konkursu grymasów, którego celem jest wybór Papieża Głupców. Zwycięzcą zostaje Quasimodo, dzwonnik z Notre-Dame, ponieważ "grymas był jego twarzą" (rozdział V).

KSIĘGA II

Tej nocy na ulicach Paryża Claude Frollo, archidiakon katedry Notre Dame, z pomocą Quasimodo usiłuje porwać romską dziewczynę Esmeraldę. Kapitan Phoebus de Cateupas zatrzymuje ich, ratuje młodą kobietę i pozwala Quasimodo osądzić go. Frollo ucieka niezauważony.

Szukając miejsca do spania, poeta Gringoire dociera do Cour des Miracles, kryjówki paryskich złodziei. Zostanie tam powieszony, jeśli nie znajdzie się kobieta, która zechce go poślubić. Esmeralda bierze go za męża, ratując go tym samym przed śmiercią.

KSIĘGA III

Książka składa się z opisu katedry Notre-Dame i Paryża w 15th wieku.

KSIĘGA IV

Książka zaczyna się od opowiedzenia o pochodzeniu Quasimodo. Był on znalazcą, którego nikt nie chciał ze względu na jego deformację. Claude Frollo jednak adoptował go ze współczucia. Od tego czasu Quasimodo zawsze mieszkał w katedrze Notre-Dame. Dzwony uczyniły go głuchym, a brzydota i izolacja uczyniły go złośliwym (rozdział III).

Claude Frollo poświęcił swoją młodość nauce i religii. Po śmierci rodziców przyjął młodszego brata Jehana i adoptował Quasimodo. Z powodu swojej wiedzy i zarazy straszył ludzi i miał złą reputację, dlatego Quasimodo był uważany za "diabła", a Claude Frollo był jego "magiem" (rozdział III).

KSIĘGA V

Ta książka to dygresja o degradacji architektury po powstaniu druku.

KSIĘGA VI

Quasimodo jest biczowany na obrotowym kole w centrum Place de Grève za próbę porwania Esmeraldy. Podczas tego cierpienia błaga o napój. Esmeralda podchodzi do niego i daje mu wodę. Quasimodo jest oczarowany urodą romskiej dziewczyny.

KSIĘGA VII

Kapitan Phoebus jest zaręczony ze swoją kuzynką, Fleur-de-Lys, ale jako damski mężczyzna, którym jest, kuzynka już go nudzi, podczas gdy Esmeralda wciąż go intryguje. W międzyczasie ona zakochała się w nim do szaleństwa.

W tym czasie Frollo, archidiakon, odkrywa, że on również ma gwałtowną namiętność do Esmeraldy. Pewnej nocy widzi, jak Phoebus spotyka się z romską dziewczyną. Podąża za nim i obserwuje, jak dwoje młodych ludzi deklaruje sobie miłość. Oszalały z zazdrości Frollo dźga Phoebusa i ucieka. Esmeralda mdleje.

KSIĘGA VIII

Esmeralda została aresztowana, osądzona i po "przesłuchaniu" (czyli torturach) została skazana za czary i usiłowanie zabójstwa. Zanim zostanie powieszona, musi dokonać zadośćuczynienia przed katedrą. W międzyczasie odzyskany Phoebus wraca do Fleur-de-Lys i pozostawia Esmeraldę własnemu losowi.

Frollo odwiedza Esmeraldę w więzieniu i czyni jej zaloty, ale ona go odrzuca. Nadal woli umrzeć. Przed przedprożem kościoła pojawia się znikąd Quasimodo i niesie Esmeraldę do wnętrza katedry wołając "Sanktuarium!" (rozdział VI).

KSIĘGA IX

Quasimodo zakochał się w Esmeraldzie. Dba o nią i daje jej wszystko, czego potrzebuje. Jest mu wdzięczna, ale jest tak brzydki, że nie może się powstrzymać przed odwróceniem wzroku od jego twarzy. Pewnej nocy Frollo włamuje się do kryjówki Esmeraldy i próbuje ją zgwałcić, ale Quasimodo go wypędza. Przybrany ojciec i adoptowany syn są teraz rywalami.

KSIĘGA X

Gringoire zaprzyjaźnia się z oszustami i cieszy się swoim nowym życiem. Złodzieje postanawiają oblegać katedrę Notre-Dame, aby uratować swoją przyjaciółkę, Esmeraldę. Dla niektórych jest to tylko pretekst do kradzieży. Quasimodo broni swojej katedry, rzucając kamieniami ze szczytów wież. Zabija Jehana, młodszego brata Frollo.

Król Ludwik XI, świadomy zamieszek, wysyła swoje oddziały do ochrony katedry Notre-Dame.

KSIĘGA XI

Frollo porywa Esmeraldę, którą wiezie w łodzi wzdłuż Sekwany aż do Place de Grève. Po raz ostatni proponuje jej swój okropny układ: musi wybrać między nim a szubienicą.

Ona i tak woli szubienicę. Frollo oddaje ją w ręce starej, samotnej kobiety, *la Sachette,* czekając na przybycie wojsk królewskich. Ale kobieta okazuje się być matką Esmeraldy! Żołnierze przybywają, zabijają staruszkę i wieszają Esmeraldę.

Frollo szydzi: obserwuje powieszenie z wież Notre-Dame. Quasimodo, zrozpaczony, popycha swego pana, który rozbija się na przedprożu, a widząc ciała Esmeraldy i archidiakona, woła "O! Wszystko, co kiedykolwiek kochałem!" (rozdział II).

Kilka lat później, w piwnicy Montfauçon, zostaje odkryty szkielet Quasimodo obejmujący szkielet Esmeraldy. Po ich odłączeniu szkielet Quasimodo rozsypuje się w proch.

STUDIUM POSTACI

QUASIMODO

Quasimodo jest Dzwonnikiem z Notre Dame. Jego nazwa jest synonimem trybu grosso, co po łacinie oznacza "około". W rzeczywistości Quasimodo jest tylko "prawie" człowiekiem ze względu na swoje deformacje.

Z katedrą Notre-Dame łączy go symboliczny, niemal symbiotyczny związek: "Z pewnością istniał rodzaj tajemniczej i istniejącej wcześniej harmonii między tym stworzeniem a tym kościołem" (Księga 4, Rozdział III); "nie tylko jego ciało wydawało się ukształtowane na wzór katedry, ale także jego umysł" (*tamże*). Dzwony, którymi dzwoni, uczyniły go głuchym, ale kocha je, jakby były jego jedynymi przyjaciółmi.

"Garbaty, jednooki, chromy" (rozdział 9, księga II), jego deformacja tylko przyciągnęła do niego nienawiść, co uczyniło go złośliwym. Jego wrogość nie jest więc wrodzona. Cierpiąc z powodu szyderstw mieszkańców Paryża, nabrał głębokiej nieufności do rasy ludzkiej. Jego złośliwość jest więc konsekwencją złośliwości innych.

Jedynym mężczyzną, którego Quasimodo kocha, jest jego przybrany ojciec, Claude Frollo. Dzięki Esmeraldzie odkrywa w sobie namiętną miłość do kobiety. Jego brzydota jest teraz jeszcze bardziej bolesna: Piękno przyciąga piękno, a Esmeralda kocha Phoebusa.

Quasimodo jest również alegorią dla ludzi w ich pierwotnym stanie.

CLAUDE FROLLO

Claude Frollo, archidiakon Notre-Dame, od najmłodszych lat był przeznaczony do kariery kapłańskiej. Poświęcił się nauce, tłumiąc głęboko w sobie swoje pasje. Jako dorosły mówi się, że "był księdzem, surowym, grobowym, morowym" (Księga 4, rozdział V), uczonym o smutnym wyglądzie.

Nie jest tradycyjnie podstępnym i okrutnym złoczyńcą. Po śmierci rodziców samotnie opiekuje się swoim młodszym bratem, Jehanem. Później lituje się nad Quasimodo, którego nikt inny nie chce, i adoptuje go.

Przewrotność tego bohatera i całe jego paskudztwo ujawnia się dopiero wtedy, gdy poznaje Esmeraldę. Zakochuje się w niej, ale "ta miłość, to źródło każdej cnoty w człowieku, w sercu księdza zamieniła się w okropności" (Księga 9, rozdział I). Jego złośliwość nie jest oczywista; jest to "miłość splugawiona" (*tamże*). Esmeralda budzi w nim uczucie miłości, które tak długo tłumił, a Frollo, poprzez to zduszenie, ujawnia się jako ohydny i pełen słabości. Postrzega Esmeraldę jako obiekt pożądania.

PHOEBUS DE CHÂTEAUPERS

Phoebus jest kapitanem armii króla. Jego imię oznacza "słońce", co wskazuje, że jest bardzo przystojny. Esmeralda zakochuje się w nim do szaleństwa. Ale nigdy nie był ulubioną postacią. To jest Casanova, mężczyzna dla kobiet. Jest zaręczony z Fleur de Lys i postrzega Esmeraldę (która nigdy nie zna jego imienia) jako nic więcej niż potencjalną romantyczną przygodę. Po pchnięciu nożem przez Frollo opuszcza romską dziewczynę i bez wahania wraca do Fleur-de-Lys.

Jesteśmy skłonni powiedzieć, że te trzy męskie postacie są odzwierciedleniem osobowości Hugo: strona uwodzicielska, gdyż Hugo miał wiele podbojów (Phoebus), strona wiedząca, o niemal niezdrowej inteligencji (Frollo) i wreszcie strona zdeformowana, która jest świadoma swoich ułomności (Quasimodo).

ESMERALDA

Esmeralda to romska dziewczyna, która tańczy na ulicach Paryża. Towarzyszy jej występująca koza o imieniu Djali.

W estetyce romantycznej wyróżnia się zwykle dwa typy kobiecego piękna:

- postać ingénue, naiwnej i czystej, która wychowuje człowieka i czyni go lepszym;

- postać femme fatale, kojarzonej z luksusem i piekłem, która powoduje upadek mężczyzny.

Esmeralda uosabia w sobie te dwa przeciwstawne charaktery:

- Z jednej strony Esmeralda ma zaledwie 16 lat i jest dziewicą. Jest niewinną dziewczyną, która nie wie nic o mężczyznach i myśli, że jest naprawdę zakochana w Phoebusie.

- Z drugiej strony, z punktu widzenia Frollo, jest ona femme fatale, pokusą, czymś od diabła, co uczyni go, księdza, duszą potępioną, skazaną na piekło.

Miłość Quasimodo jest czysta i pełna poświęcenia. Romka uosabia, dla niego, niedostępny ideał.

Ponadto Esmeralda ma zdolność obnażania fundamentalnej natury trzech mężczyzn. Działa jako katalizator:

- Frollo ujawnia swoją słabość;

- Phoebus pokazuje, że jest postacią zbudowaną na pozorach, niezdolną do głębokich uczuć;

- Quasimodo odkrywa, że nie jest potworem, ale człowiekiem zdolnym do najczulszej miłości.

Romantyczne sieci łączące te różne **postacie tworzą** rodzaj **miłosnych kwadratów i trójkątów (linie przerywane sugerują związek między ojcem** a **synem)** – **Notre Dame** unosi **się** jak **ludzki los.**

POSTACIE DRUGOPLANOWE

- Gringoire, poeta, to postać nieco śmieszna, mająca na celu rozśmieszyć czytelnika z powodu swoich wpadek;

- Jehan Frollo to psotny łobuziak, prekursor Gavroche'a, postaci z *Les Misérables* (1862), podobnie jak *la Sachette* każe czytelnikowi myśleć o Fantynie, która również pojawia się w tej samej powieści;

- Ludwik XI jest przedstawiony jako pragmatyczny i okrutny król.

ANALIZA

OBRONA ARCHITEKTURY GOTYCKIEJ

W XIX wieku Paryż doznał wielu zniszczeń, radykalnie zmieniając krajobraz architektoniczny i nie okazując szacunku dla swojego średniowiecznego dziedzictwa. Hugo, obrońca szlachetnej sprawy, zbuntował się przeciwko tej sytuacji i chciał za pomocą Dzwonnika z Notre Dame wzbudzić szacunek dla dziedzictwa historycznego. Można mówić o malowniczej architekturze.

- "Od powstania rzeczy aż do piętnastego wieku [...], architektura jest wielką księgą ludzkości" (Księga 5, rozdział II). Kiedy ludzie chcieli pisać, budowali świątynie, piramidy, katedry i rzeźbili w kamieniu swoje słowa.

- Jednak po wynalezieniu drukarki w 15th wieku mężczyźni porzucili kamień na rzecz pisania na papierze, co w konsekwencji spowodowało powolną śmierć architektury ("druk zabije architekturę" Księga 5, Rozdział II).

- Ta ewolucja jest według Hugo nieodwracalna, stąd konieczność zachowania gotyckich budowli. Z powodu druku architektura jest martwa i takie arcydzieła już nigdy nie powstaną.

FILOZOFIA HISTORII

Hugo postrzegał historię jako falę, która posiadała swoją własną logikę, cykle i echa i w której ludzkość postępowała poprzez oblicze ludzi. Dlatego mówimy o jego filozofii dziejów:

- Druga połowa XV wieku była punktem zwrotnym w historii. Koniec feudalizmu, wielkie odkrycia, a nawet druk oznaczał przejście od średniowiecza do renesansu (przypomnijmy, akcja Dzwonnika z Notre Dame rozgrywa się w 1482 roku). Między innymi ta przemiana stopniowo zwiększała znaczenie klasy średniej, swoistej chłopskiej elity.

- W okresie średniowiecza społeczeństwo składało się z trzech porządków lub stanów, a mianowicie: szlachty, duchowieństwa i trzeciej władzy (szeroko rozumianego ludu).

- W "Garbusie *z Notre Dame*" Febus symbolizuje szlachtę, a Frollo – duchowieństwo. Quasimodo jest symbolem ludzi pierwotnych, ludzkości, która powoli wyemancypowała się z materii, która jest jeszcze potworna, ale która już nosi w sobie coś gigantycznego i jest wezwana do wzrostu ("Można by go uznać za olbrzyma, który został złamany i źle złożony na nowo" Księga 1, rozdział V). Symbolizuje on ludzi najniższej rangi.

- W czasach Hugo, w 1830 roku, we Francji miała miejsce rewolucja lipcowa. Położyła ona kres panowaniu Karola X i wprowadziła monarchię lipcową. Dla pokolenia romantyków rewolucja ta ucieleśniała, przez krótką chwilę, nadzieję na korzystne przemiany historyczne, na wzór tych z 15th wieku. To wydarzenie musiało być w pamięci Hugo, kiedy pisał Garbusa *z Notre Dame*.

- Katedra Notre-Dame, z architektonicznego punktu widzenia, jest subtelnym połączeniem stylu rzymskiego i gotyckiego. W ten sposób symbolizuje również przejście między dwoma epokami, między dwoma wszechświatami.

POWIEŚĆ O FATALIZMIE

Garbus z Notre Dame to powieść o fatalności namiętności. Od momentu, gdy Esmeralda pojawia się nagle w życiu Quasimodo i Phoebusa, w których się zakochuje, rozpoczyna się łańcuch zdarzeń, którego nie da się już zatrzymać. Jest on właściwie fatalny, ponieważ prowadzi do śmierci tych, którzy kochali. W kwadracie miłości Phoebus jako jedyny wydostaje się na zewnątrz, ponieważ nie został poddany namiętności.

Ponadto fatalizm jest zasadą, która rządzi tą historią. Zabiera ona swoich graczy i zmusza ich do wypełnienia swojego przeznaczenia. Odpowiednie śmierci Frollo, Quasimodo i Esmeraldy są jak lustra na ich przeznaczeniu:

- Frollo spada ze szczytu katedry, co jest oznaką jego upadku moralnego;

- Quasimodo, który pojawił się jako grymas, kończy jako pył;

- Esmeralda, tancerka, umiera na szubienicy, a jej ciało rozwiewa wiatr.

STYL HUGO

Styl Victora Hugo, zgodny ze stylem Châteaubrianda (francuski pisarz i polityk, 1768-1848), jest dobrym przykładem stylu romantycznego, nawet jeśli Hugo długo odrzucał tę etykietę.

Mieszanka tonów

Podczas gdy klasycyzm (XVII-XVIII w.) preferował oddzielenie stylów, romantyzm (XIX w.) lubił odpowiednio łączyć różne tony. Dzwonnik z Notre Dame to po części trzymająca w napięciu tragedia, po części burleskowa komedia (humor Gringoire'a czyni ją komiczną) i po części melodramatem (jak w scenie tortur Esmeraldy). Niektóre sceny przypominają scenariusze teatralne, inne są poetyckie, z wyjątkiem dygresji historycznych (Księga V).

Nadmierność

Gdybyśmy mieli wybrać przymiotnik określający styl Hugo, byłby to "nadmierny". Autor przepada za:

- hiperbola (urządzenie stylistyczne polegające na wyolbrzymianiu użytych określeń): często pojawiają się przymiotniki takie jak "straszny" czy "okazały";

- oksymora (środek stylistyczny pozwalający na łączenie przeciwstawnych określeń): "Posiadasz najprzystojniejszą brzydotę, jaką kiedykolwiek w życiu widziałem" (Księga 1, Rozdział V).

- zdania peremptoryczne: "Nasi ojcowie mieli Paryż z kamienia; nasi synowie będą mieli z gipsu" (Księga 3, rozdział III).

Styl Hugo jest grandilokwentny, namiętny i pełen emfazy (przesady).

Zwrócenie się do czytelnika

Victor Hugo jest również wszechmocnym narratorem. Rzeczywiście, nieustannie łączy się ze swoim czytelnikiem, by wygłaszać komentarze: "Możemy zapewnić naszych czytelników, że nieśmiałość nie była ani cnotą kapitana, ani jego wadą" (Księga 7, Rozdział I). Narrator zachowuje się wobec czytelnika jak nauczyciel, bierze go za rękę i dosłownie prowadzi przez zwroty akcji.

MIT O "GARBUSIE Z *NOTRE DAME*

Historia literatury jest zaśmiecona mitami. Mit jest jednocześnie:

* historia, która jest zmyślona, ale brana za prawdę;

* opowieść o początkach;

* opowieść, która w sposób symboliczny przedstawia konkretne problemy (np. mit o Adamie i Ewie).

W ten sposób Garbus *z Notre Dame* może być uznany za mit:

* z jednej strony Hugo przedstawia zmyśloną historię jako taką, która wydarzyła się naprawdę, w Notre-Dame w 1482 roku ("Trzysta czterdzieści osiem lat, sześć miesięcy i dziewiętnaście dni temu Paryżanie obudzili się na dźwięk wszystkich dzwonów […] dzwoniących", Księga 1, Rozdział I);

* z drugiej strony, jeśli spojrzymy na Quasimodo, Garbus *z Notre Dame* jest opowieścią o początkach ludzi, jeszcze źle uformowanych, ale już pełnych życia;

- wreszcie historia symbolizuje, poprzez postacie Phoebusa, Frolla i Quasimodo, wszystkie napięcia społeczne i zmiany zachodzące w 15th wieku.

Ten mechanizm mitologizacji jest więc obecny w powieści, podobnie jak w niemal wszystkich dziełach Victora Hugo.

DALSZA REFLEKSJA

KILKA PYTAŃ DO PRZEMYŚLENIA...

- Esmeralda uosabia jednocześnie dwa typy piękna, które inspirowały romantyków. Czym one są?

- W jaki sposób ta powieść zapowiada *Les Misérables*?

- Wyjaśnij związek, jaki Hugo ustanawia między architekturą a drukarstwem.

- W jaki sposób Quasimodo symbolizuje ludzi?

- W *"Garbusie z Notre Dame"* przedstawiono przejście między dwiema epokami. Wyjaśnij to.

- Film *"Garbus z Notre Dame"* łączy w sobie różne gatunki. Jakie? Czy jest to typowe dla Victora Hugo? Odpowiedz, patrząc na inne jego dzieła.

- Jak opisałbyś postawę narratora? Czy znasz inne utwory, które mają tego typu narratora?

- Dlaczego możemy powiedzieć, że Garbus *z Notre Dame* jest mitem? Czy dotyczy to również innych dzieł Hugo? Uzasadnij swoją odpowiedź.

- Jak myślisz, dlaczego to dzieło odniosło taki sukces i doprowadziło do adaptacji we wszystkich gatunkach?

- Jakie są stałe, które można odnaleźć we wszystkich dziełach Hugo?

PRZECZYTAJ TAKŻE

WYDANIE REFERENCYJNE

Hugo, V. (2012) *The Hunchback of Notre Dame*. Trans. Hapgood, I.F. London: e-artnow.

ADAPTACJE

Garbus z Notre Dame doczekał się wielu adaptacji. Ta lista ogranicza się do trzech z nich.

Garbus z Notre Dame (The Hunchback of Notre Dame). (1956) [Film]. Jean Delannoy. Dir. Francja: Panitalia. Ta adaptacja jest najbliższa oryginalnej fabule. Autorem scenariusza był poeta Jacques Prévert.

Garbus z Notre Dame (The Hunchback of Notre Dame). (1996) [film animowany]. Gary Trousdale. reż. USA: Walt Disney Pictures. Jest to bardzo liberalna adaptacja powieści.

Notre-Dame de Paris. (1997) [komedia muzyczna]. Słowa piosenek Luc Palondon/Will Jennings. Music by Riccardo Cocciante. Komedia aktualizuje społeczne przesłanie Hugo na 20th wiek: złodzieje z Cours des Miracles są teraz nielegalnymi imigrantami, którzy szukają azylu. Ta adaptacja jest dość wierna oryginałowi.

Chcemy usłyszeć od Ciebie, co się dzieje!
Zostaw komentarz na temat swojej internetowej biblioteki
i podziel się swoimi ulubionymi książkami w mediach społecznościowych!

Wydawca zapewnia o wiarygodności publikowanych informacji, co jednak nie może wiązać się z jego odpowiedzialnością.

www.50minutes.com

Master ISBN: 9782808694193
Papierowy ISBN: 9782808615594
Depozyt prawny: D/2023/12603/1839

Verhaal: © Primento

Projekt cyfrowy: Primento, cyfrowy partner wydawców.